EXAMEN
SUR TOUTES
LES CARTES
GENERALES
DES QUATRE PARTIES
DE LA TERRE,

Mises au jour par feu M^R. DELILLE, depuis l'année 1700. jusqu'en 1725.

POUR SERVIR D'ECLAIRCISSEMENT sur la GEOGRAPHIE.

A PARIS,
Chez { JEAN-BAPTISTE LAMESLE, ruë de la vieille Bouclerie, au bas de la ruë de la Harpe, à la Minerve.
Et BRIASSON, ruë S. Jacques, à la Science.

M. DCC. XXVIII.
Avec Approbation & Privilege du Roi.

PRÉFACE.

LEs Cartes de feu M. Delille ayant toujours été & étant même encore aujourd'hui en si grande réputation, par rapport au rang qu'il tenoit de premier Géographe du Roi, il est à propos de voir si la bonté & l'éxactitude de ces Cartes répondent à l'idée qu'un chacun s'en est formé, sans autre éxamen qu'une approbation presque génerale fondée seulement sur la bonne opinion. Mais comme ce n'est point perdre son tems que d'éxaminer de près les Ouvrages d'un Auteur, pour quelqu'habile qu'il puisse passer, surtout en ce genre-ci, on a jugé que non seulement ce petit Ouvrage que l'on produit ne seroit pas inutile, mais qu'on rendroit encore un service au Public & aux Amateurs de la Géographie, si on découvroit ce qui se trouve de bon, & ce qui est de défectueux dans ses Cartes ; & par ce moyen qu'on pourroit donner les éclaircissemens convenables sur les difficultez qui se trouvent pour les differens Systêmes de disposer les Cartes génerales : C'est ce que l'on pourra remarquer par les deux Examens que l'on expose ici. Quoyque je n'approuve pas la plûpart des méthodes dont l'Auteur s'est servi pour la construction de ses Cartes ; je ne laisserai pas d'avoüer que feu M. Delille avoit du sçavoir & du mérite ; & on lui a obligation d'avoir mis au jour plusieurs Cartes de differens Pays dont on connoissoit peu l'étendüe, & s'il a négligé certaine éxactitude avec les proportions convenables dans ses Cartes génerales, c'est qu'il s'est peut-être trop fié sur sa capacité, ou qu'il a crû que personne ne s'appercevroit de ses fréquens changemens.

EXAMEN
SUR TOUTES
LES CARTES
GENERALES
DES QUATRE PARTIES
DE LA TERRE,

Mises au jour par feu MR. DELILLE, depuis l'année 1700. jusqu'en 1725.

POUR SERVIR D'ECLAIRCISSEMENT sur la GEOGRAPHIE.

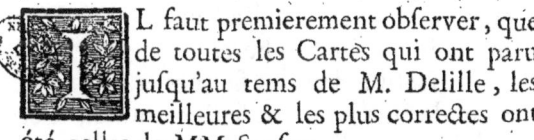L faut premierement observer, que de toutes les Cartes qui ont paru jusqu'au tems de M. Delille, les meilleures & les plus correctes ont été celles de MM. Sanson.

Il se trouve cependant une grande discordance entre les Cartes de l'un & celles de l'autre de ces deux Auteurs, surtout à l'égard des Cartes générales, sur les principaux fondemens des observations astronomiques.

Il faut donc voir quelle est la méthode de ces deux Géographes à cet égard.

Je commence ici mon premier Examen, qui s'étendra sur les Cartes des quatre Parties de la Terre, mises au jour par feu M. Delille en 1700. que je compare à celles de MM. Sanson, & ensuite au Planisphere ; je viendrai après à mon second Examen sur les quatre Cartes des mêmes Parties de la Terre, mises au jour depuis 1722. jusqu'en 1725.

Premier Examen sur les Cartes des quatre Parties de la Terre de 1700.

MM. Sanson dans leurs Cartes des quatre Parties de la Terre, comme l'Asie, l'Europe, &c. y ont tracé l'Equateur, les Cercles des Tropiques & les Paralleles en ligne droite & non en circulaire ; & les Méridiens y ont leur curvité proportionnelle à ceux qui sont marquez sur le Planisphere.

M. Delille dans les siennes a donné beaucoup de curvité, non seulement aux Cercles Polaires, aux Tropiques, & aux Paralleles, mais encore à l'Equateur, comme on le peut voir dans ses Cartes d'Asie & d'Afrique où ces lignes font circulaires ; & à l'égard des Méridiens, tantôt il les a tracé en ligne droite comme dans ses Cartes d'Asie & d'Europe, tantôt il leur a donné de la curvité, comme à ses deux Cartes de l'Amerique.

Cette inegalité & disproportion méritent bien qu'on y fasse attention ; puisqu'elles sont dressées sur quatre sortes de projections, comme le seul aspect d'icelles le fait remarquer.

Je ne blâme point cette méthode de donner sur les Cartes génerales quelque curvité aux lignes qui représentent les Tropiques, les Cercles Pôlaires & les Paralleles, c'est-à-dire de les tracer en ligne circulaire : mais il me semble du moins qu'elles devroient être en quelque maniere proportionnelles à celles qui sont sur le Planisphere.

Mais M. Delille, en affectant cette curvité sur presque toutes ses Cartes, a outré la chose ; je veux dire, que les lignes circulaires qui sont sur l'Europe & sur l'Asie, ont beaucoup plus de renflement que celles qui sont sur la Mappemonde ; je pourrois même dire quelquefois plus du double : pour le prouver voici l'exposition de l'operation géometrique dont je me sers sur chaque Carte, & qui doit aussi servir pour les autres Cartes citées dans mon second Examen.

Je choisis sur deux Cartes de M. Delille ; sçavoir, sa Mappemonde & une des autres

A iiij

Cartes, comme l'Europe ou l'Asie, deux points fixes & connus, & sur un même parallele, suffisamment distants l'un de l'autre ; je tire une ligne droite d'un point à l'autre, qu'on peut appeller la corde d'un arc, je partage cette ligne en deux parties égales, & du point de sa division je fais tomber une perpendiculaire sur l'arc de ce cercle ; je divise ensuite la moitié de ma premiere ligne en plusieurs parties égales : cette operation étant faite sur la Carte choisie & sur le Planisphere, je mesure avec le compas la perpendiculaire sur la ligne divisée de part & d'autre ; je vois d'abord combien chacune en contient de parties ; je dis que ces deux perpendiculaires doivent être nécessairement proportionnelles si les Cartes sont relatives, & si l'une surpasse de beaucoup l'autre, on juge de la défectuosité de la Carte.

Je prends donc pour premier éxemple la Carte d'Asie, que je compare au Planisphere : j'ai choisi sur cette Carte le parallele qui passe au 30ᵉ dégré de latitude dans la portion qui s'étend depuis le 50ᵉ dégré jusqu'au 150. de longitude, qui sont deux points connus & fixes ; je prends le même parallele & les deux mêmes points sur la partie de la Mappemonde où est l'Asie : j'ai divisé la moitié de la ligne que j'ai tiré d'un point à l'autre sur l'arc du parallele en huit parties égales ; &

je trouve que la perpendiculaire, que j'ai tiré fur la Mappemonde, ne contient qu'une de ces huitiémes parties, & qu'au contraire fur la Carte de l'Afie la perpendiculaire contient une partie & deux tiers; il y a donc une difproportion fur la curvité ou renflement du parallele de l'Afie de deux tiers de plus que fur celle du Planifphere, ce qui eft affez confiderable.

J'ai encore fait une pareille operation fur la partie du Tropique de même étenduë que le parallele ci-deffus, où j'ai divifé la ligne tirée d'un point à l'autre en fix parties égales : j'ai trouvé que fur le Planifphere la perpendiculaire ne contenoit que la moitié d'une de ces fixiémes parties un peu plus, & que celle tirée fur la Carte de l'Afie en contenoit une partie entiere & encore près du tiers d'une autre, ce qui eft plus du double d'excedant pour le renflement du Tropique dans la Carte de l'Afie.

Je viens préfentement aux Méridiens qui font fur les deux mêmes Cartes, ils ne font nullement relatifs les uns aux autres ; ceux du Planifphere ont leur convexité ou renflement ordinaire & femblables à ceux qui font fur les Planifpheres ou Mappemondes des Sieurs Sanfon : mais les Méridiens qui font marquez fur la Carte de l'Afie du Sieur Delille n'ont point de renflement, & font au contraire tirez en ligne droite ; les deux Cartes le font voir.

Je dirai de plus, que ces mêmes Méridiens qui font prolongez fur la Carte de l'Afie audelà de l'Equateur, font continuez dans la même ligne droite: mais il me paroît que ces Méridiens, qui font diftribuez de cinq en cinq dégrez fur l'Equateur, partans tous d'un point qui eft par éxemple le Pôle Arctique, doivent être plus éloignez l'un de l'autre fur l'Equateur qu'en aucun autre endroit, puifque c'eft, pour ainfi dire, un diametre de la Terre, & que depuis l'Equateur en avançant vers l'un ou l'autre Pôle, ils doivent fe rapprocher fenfiblement pour gagner leur point où ils doivent tous aboutir.

On trouve le contraire dans la Carte de l'Afie de M. Delille, c'eft-à-dire, que l'efpace qui eft entre le 145ᵉ dégré & le 150. de longitude, eft plus étroit fur l'Equateur qu'il n'eft au deffous fur le parallele du 15ᵉ dégré de latitude méridionale entre les deux mêmes Méridiens; de forte qu'au lieu de fe rapprocher depuis l'Equateur vers le Pôle Antarctique, ils s'élargiffent au contraire.

Quelle raifon rendra-t'on de ces prétendus changemens fi avantageux & tant vantez ? On dira peut-être que cette Carte d'Afie a été difpofée d'après l'hemifphere feptentrional. Si cela étoit, le Cercle Pôlaire de cette Carte feroit du moins relatif & en proportion avec celui de l'Hémifphere ou oriental ou feptentrional : or il ne l'eſt ni à l'un ni à l'autre, en voici la preuve par une operation faite fur le Cercle Pôlaire des deux Cartes où j'ai mefuré une diſtance depuis le 50ᵉ dégré jufqu'au 160. qui renferme l'étenduë de l'Afie. J'ai divifé la moitié de ma ligne tirée, en fix parties égales, & je trouve que la perpendiculaire tirée fur l'arc de ce cercle dans l'Afie ne contient qu'une de ces parties & un tiers, & qu'au contraire fur le Planifphere elle contient deux de ces mêmes parties & un peu plus, ce qui fait prefque le double de difference dont le Cercle Pôlaire du Planifphere excede en curvité la Carte de l'Afie. On remarquera ici que fur cette Carte tous les paralleles & le Tropique excedent beaucoup en curvité ceux du Planifphere, & que le Cercle Pôlaire au contraire bien loin d'exceder ou d'être relatif, a été au contraire furbaiſſé : donc cette Carte n'eſt relative ni au Globe, ni à l'Hémifphere feptentrional, ni à l'oriental, & par conféquent a été dreſſée fur une projection arbitraire & de pure imagination ; fuppofons même qu'elle fût dreſſée fur l'Hémifphere feptentrional, quelle raifon auroit-on euë de l'y conformer, puifque l'Amerique feptentrionale, qui s'écarte davantage de l'Equateur, a été dreſſée non feulement sur le Planisphere, mais encore on y a surabaissé tous ses paralleles. M. Delille auroit bien fait s'il avoit donné raison de tous ces changemens, comme il l'avoit promis, par une nouvelle Introduction à la Géographie; mais on n'a vû paroître encore ni raisons ni Introduction.

J'éxamine présentement sa Carte d'Europe, où je trouve à peu près les mêmes disproportions qui sont sur la Carte d'Asie: mais je ne m'arrêterai pas si longtems à en prouver les défectuositez, l'ayant fait assez au long pour celle de l'Asie; je dirai seulement que les paralleles qui sont sur la Carte de l'Europe n'ont pas tant de renflement que celles de la Carte d'Asie; il s'en faut environ un quart de moins suivant deux operations faites sur icelle, mais aussi on trouvera le contraire à l'égard du Cercle Pôlaire: celui de la Carte de l'Asie ci-dessus a beaucoup moins de renflement que celui du Planisphere, comme il a été prouvé: mais ici le Cercle Pôlaire de l'Europe en a plus que celui du Planisphere, comme on le peut voir. D'où viennent toutes ces variations? S'est-il jamais rien vû de plus irregulier? Je ne sçai si on en pourroit rendre quelque raison.

A l'égard de la Carte d'Afrique, j'en dirai peu de chose, étant d'une projection bizarre & toute singuliere; l'Equateur y est en ligne circulaire & fuit la curvité du Tropique du Cancer & le Tropique du Capricorne fe trouve auſſi tourné du même côté, de forte qu'il paroît que cette Carte eſt vûë par le Pôle étant ainſi difpoſée ; le feul afpect d'icelle prouve mieux fon imperfection que tout ce qu'on en pourroit dire. Car pourquoi faire voir par le Pôle une Carte qui fe trouve fur le milieu du renflement du Globe, & qui s'étend de chaque côté de l'Equateur? de plus, étant vûë du Pôle, les Méridiens devroient paroître en ligne droite & non circulaire.

Il nous reſte encore l'Amerique feptentrionale & méridonale. Il ne nous faudra pas beaucoup de tems à cet éxamen ; cette Carte fe préfente d'une même conſtruction que celles des Sieurs Sanſon à peu de choſe près ; de forte que M. Delille a pratiqué ici tout le contraire de ce qu'il a fait dans celle de l'Aſie, c'eſt-à-dire, que l'Equateur, les Cercles des Tropiques & les Pôlaires, y font en ligne droite & non en circulaire comme dans l'Aſie, & les Méridiens qui font en ligne droite dans l'Aſie font au contraire circulaires dans les deux Cartes de l'Amerique.

On peut donc conclure à préfent par tout ce que nous venons de voir, que ces quatre Cartes font difpofées fur quatre fortes de conſtructions ou de projections ; qu'elles ne font relatives ni au Globe ni au Planiſphere,

& qu'elles ont été pour ainsi dire jettées au hazard.

Second Examen sur les Cartes des quatre mêmes Parties de la Terre mises au jour par M. Delille depuis 1722. jusqu'en 1725.

Je commence ici par la Carte de l'Amerique, dont les deux parties sont à présent contenuës dans la même feüille. Je dis qu'elle est d'une projection assez relative à son Planisphere, tant à l'égard des Méridiens que des Tropiques & des Paralleles, avec cette difference néanmoins que dans cette Carte de l'Amerique, le rétrecissement des parties causé par l'applattissement du Globe se trouve discordant de celui du Planisphere & placé fort differemment ; je veux dire que sur chaque Hémisphere de la Mappemonde le rétrecissement principal des parties entre les Méridiens se trouve toujours dans le milieu, comme par exemple, dans l'Hémisphere occidental où est l'Amerique ; il est immediatement autour du 270ᵉ dégré de longitude, c'est-à-dire, depuis le 250. jusqu'au 290. comme il est ordinairement dans toutes les Mappemondes : mais dans cette Carte de l'Amerique, le rétrecissement se trouve depuis le 290ᵉ jusqu'au 330ᵉ dégré de longitude ; ainsi on peut dire, que cette Carte est fur la projection d'un nouvel applattiſſement de Globe, & n'eſt par conſéquent relative à cet égard ni au Planiſphere ni au Globe. Il réſulte de tout cela, que le terrain de l'Amerique ſe trouvera un peu trop retreci de l'Occident à l'Orient, comme par éxemple depuis *Quitto* juſqu'à *Paraiba*, qui eſt vers le milieu de l'Amerique méridionale le long de l'Equateur, pendant que ſa hauteur du Midi au Nord conſerve ſa véritable étenduë, & qu'en comparant l'Amerique méridionale qui eſt ſur la Mappemonde avec cellé-ci, on trouvera que la premiere a plus d'étenduë de terrain de l'Orient à l'Occident que cette derniere; en voici la preuve. J'ai pris le parallele qui paſſe au 10ᵉ dégré de latitude, & qui traverſe la plus grande largeur de l'Amerique méridionale; j'ai diviſé en neuf parties égales l'étenduë depuis le *Cap Saint-Auguſtin* juſqu'à *Guarmey*; je meſure enſuite la hauteur ſur le Méridien qui paſſe au 310ᵉ dégré de longitude depuis *Coro* juſqu'au *Détroit de Magellan*; je trouve quatorze de ces mêmes parties un peu moins: ainſi cette hauteur de quatorze parties en produit neuf pour la largeur, & cette même hauteur ſur le Planiſphere, auſſi diviſée en quatorze parties, en produit dix un peu plus pour la même largeur d'Orient en Occident; de ſorte que l'on trouve une bonne partie de plus ſur le Planifphere que fur la Carte de l'Amerique: cette partie contient cinq dégrez de longitude qui font cent grandes lieuës; donc la Carte de l'Amerique a cent lieuës de moins qu'elle ne doit avoir d'Orient en Occident.

Je fçai bien que l'on m'objectera là-deffus, qu'en trouvant le même nombre de graduations dans cette partie quoyque refferrée, on trouvera auffi le même nombre de lieuës que fur la Mappemonde: mais cette raifon ne prévaut pas; il faut une proportionnelle entre cette étenduë de l'Amerique & celle qui fe trouve fur la Mappemonde par rapport à fa hauteur: on n'auroit donc qu'à rétrecir toujours arbitrairement & fans mefure, & dire qu'il y a le même éloignement par rapport au pareil nombre de dégrez quoique plus rétrecis, cela ne fe peut admettre.

La Carte de l'Afrique de 1722. me paroît d'une projection plus réguliere & plus convenante que celle des trois autres Cartes: elle eft relative au Planifphere, & même l'on peut dire, qu'on y a encore obfervé de ne pas tant donner de curvité à fes paralleles & à fes cercles qu'à ceux qui font fur la Mappemonde. J'y ai mefuré un efpace du Tropique dans l'étenduë de 90. dégréz dans l'une & l'autre Carte, & j'ai trouvé que dans le Carte de l'Afrique la curvité du Tropique y eft un peu moindre que celle du Planifphere hifphere, ce qui diminuë beaucoup la curvité des autres paralleles; ainfi cet éxemple m'autorife & me donne lieu de dire qu'on ne fçauroit apporter aucune bonne raifon pour fe mettre à couvert des fautes & mauvaifes conftructions que l'on a faites dans les autres Cartes, où les paralleles ont beaucoup plus de curvité que celles qui font fur la Mappemonde, puifqu'au contraire on pourroit encore les adoucir ou furbaiffer bien loin de les augmenter.

A l'égard du rétreciffement de cette Carte, caufé par l'aplattiffement du Globe il eft fi peu confiderable que cela ne mérite pas d'y trouver à redire; ce qui fait voir encore qu'on n'a pas eu plus de raifon de tant rétrecir l'Amerique comme on a fait, que l'on en a eu pour celle-ci: ainfi cette Carte d'Afrique peut paffer pour une des meilleures, quoyque l'efpace entre fes paralleles vers le milieu de la Carte foit un peu trop rétreci.

L'Europe qui fe trouve contiguë à l'Afrique fur les mêmes Méridiens, quoyque la Mer Méditerranée fe trouve entre deux, ne devroit-elle pas avoir fes paralleles relatifs à ceux de l'Afrique, d'autant plus que dans l'une & l'autre Carte les deux paralleles qui paffent au 35. & au 40ᵉ dégré de latitude y deviennent communs par accompagnement, c'eft-à-dire, qu'ils s'y trouvent marquez dans

B

chacune : mais bien loin de l'être ils n'en approchent pas, & je vais faire voir une difcordance des plus étonnantes sur le parallele qui passe au 40ᵉ dégré de latitude. J'ai pris sur la Carte d'Afrique la portion de ce parallele qui s'étend depuis le 10ᵉ dégré de longitude jusqu'au 65ᵉ, où j'ai tiré une ligne droite d'un point à l'autre, l'ayant partagée en deux parties égales, & du point de sa division fait tomber une perpendiculaire sur l'arc de ce parallele. Je trouve que cette perpendiculaire ne contient guere plus qu'une partie de la moitié de la corde divisée en 12. parties égales ; & sur la Carte d'Europe où j'ai fait la même operation sur le même parallele, la perpendiculaire contient deux de ces 12ᵉ parties & le 5ᵉ d'une autre, elle surpasse donc la premiere de moitié & d'un 5ᵉ en sus, & par conséquent le renflement de ce parallele qui est sur l'Europe a deux fois plus de curvité que celui qui est sur la Carte d'Afrique, ce qui est absurde puisqu'elles devroient être proportionnelles.

Je dis encore que cette Carte d'Europe faite en 1724. n'est nullement relative au Planisphere, c'est-à-dire, que le Cercle Pôlaire & ses paralleles ont beaucoup plus de curvité que ceux qui sont sur la Mappemonde dans la partie de l'Europe, j'en avance la preuve. Sur la portion du Cercle Pôlaire qui s'étend depuis le premier Méridien jufqu'à celui qui paffe au 80ᵉ dégré de longitude, j'ai tiré une ligne droite d'un point à l'autre, que j'ai partagée par le milieu, d'où j'ai abaiffé une perpendiculaire fur l'arc de ce cercle ; j'ai mefuré cette perpendiculaire fur la moitié de cette ligne que j'ai divifé en quatre parties égales : elle contient une de ces parties & plus du quart d'une autre ; & celle que j'ai tiré fur le Planifphere par la même operation ne contient qu'une de ces quatriéme parties : donc la perpendiculaire tirée fur l'Europe eft plus longue que l'autre d'un grand quart, & par conféquent la portion du Cercle Pôlaire fur l'Europe a plus de curvité & de renflement que celle qui eft fur la Mappemonde, à laquelle du moins elle devroit être relative & proportionnelle, pour ne pas dire qu'elle devroit être encore plus furbaiffée.

Si l'on fait encore une pareille operation fur le parallele qui paffe au 50ᵉ dégré de latitude, & qui traverfe dans le milieu de l'Europe, dans l'efpace compris depuis le 10ᵉ dégré de longitude jufqu'au 60ᵉ, on trouvera que la perpendiculaire fur cette Carte excede celle qu'on a tiré fur la Mappemonde de trois feptiémes, par où l'on voit évidemment que tous les paralleles & le Cercle Pôlaire ont beaucoup plus renflement que ceux qui font fur la Mappemonde : donc elle n'eft relative ni avec elle, ni avec le globe, ni auſſi avec l'Afrique, comme on l'a vû ci-devant.

Il refte encore à éxaminer la Carte d'Aſie miſe au jour en 1723. Je dis qu'elle eſt d'une projection à peu près ſemblable à celle de l'Europe, & par conſéquent auſſi défectueuſe. Voici les obſervations qu'on y a faites par deux operations differentes, qui prouvent qu'elle n'eft relative ni au Planiſphere ni au Globe par les curvitez extraordinaires de ſes cercles & paralleles. La premiere operation eſt faite ſur la partie du Cercle Pôlaire qui s'étend depuis le 60ᵉ dégré de longitude juſqu'au 160ᵉ, d'où j'ai auſſi tiré une ligne droite d'un point à l'autre, que j'ai partagé en deux parties égales, & du point de ſa diviſion j'ai abaiſſé une perpendiculaire ſur l'arc de ce cercle ; j'ai diviſé enſuite la moitié de ma premiere ligne en quatre parties égales. Je trouve que ſur la Mappemonde la perpendiculaire ne contient qu'une de ces parties & le quart d'une autre, & que ſur la Carte de l'Aſie elle en contient une bonne partie & demi : cette derniere perpendiculaire ſurpaſſe donc la premiere d'un bon quart, & par conféquent donne plus de curvité au Cercle Pôlaire qui eſt ſur la Carte d'Aſie que ſur le Planiſphere, cela est évident: Mais voici encore une bien plus grande disproportion sur cette même Carte qui se découvre par la seconde opération que j'ai fait; c'est sur le Tropique du Cancer, où j'ai choisi sur les deux Cartes la portion du Tropique qui s'étend depuis le 50ᵉ dégré de longitude jusqu'au 160. ayant operé comme ci-dessus & divisé la moitié de la ligne droite en neuf parties égales. Je trouve que la perpendiculaire tirée sur la Mappemonde ne contient qu'une de ces parties, & qu'au contraire sur la Carte de l'Asie cette perpendiculaire en contient deux & le tiers d'une autre; ce qui est éxorbitant de voir une difference d'un tiers au delà du double sur deux lignes qui devroient être proportionnelles. Il n'est pas nécessaire de dire quel doit être l'excedent de curvité de ce cercle à l'autre, on en juge aisément. Je veux encore obmettre ici de parler de l'Equateur, qui est aussi tracé en ligne circulaire, quoyque celui qui se trouve sur la Carte de l'Afrique & sur celle de l'Amerique soit tiré en ligne droite.

Quelle conséquence tirer de cette construction de Carte, sinon qu'elle a été arbitraire aussibien que celle de l'Europe, & non assujettie aux regles? On ne dira pas qu'elle est relative au Globe, elle n'y a presque aucun rapport, quand même le point de vûë auroit été pris au delà du Pôle: elle n'est pas non plus relative au Planifphere, ni à l'Hémifphere feptentrional. Quel jugement peut-on donc faire de toutes ces Cartes fi vantées? Ne pourroit-on pas bien dire que l'Auteur tout habile qu'il étoit, pour fe diftinguer de tous les autres Géographes qui l'ont précedé, a inventé à fon gré des fyftêmes dans lefquels il n'a pas prévû les embarras & les inconveniens où il s'alloit jetter? Ne feroit-il pas fort utile au Public qu'il eût donné raifon de tous ces changemens comme il l'avoit promis par fon Avertiffement? Changemens fi bizarres où l'on a affecté de donner une curvité outrée à tous les cercles & paralleles, où l'on ne trouve pas deux Cartes qui foient relatives l'une avec l'autre, mais difpofées au contraire fur autant de différentes projections qu'il y a de Cartes, comme il a été démontré. Pour moi je regarde cette méthode comme fort vicieufe. Aucune Carte, à la réferve de l'Afrique, n'eft relative au Planifphere, & aucune Carte n'eft relative l'une à l'autre. N'auroit-il pas mieux convenu de commencer à donner moins de curvité au Cercle Pôlaire, ce qui auroit enfuite adouci celle des paralleles, & le Cercle du Tropique fe feroit enfuite trouvé à peu près relatif à celui du Planifphere; la conftruction de la Carte d'Afrique, ci-devant citée, m'eft un garant de ce que je dis, & prouve en même tems par sa bonne projection l'imperfection & la défectuosité de toutes ces autres Cartes.

J'aurois pû produire encore ici un troisiéme Examen qui auroit compris les Cartes des principales Régions de la Terre, comme sont *la Tartarie, la Perse, l'Egypte, Nubie & Abyssinie*, &c. Je me réserve d'en parler dans un autre tems : Je dirai seulement qu'au moyen des deux Examens que nous venons de voir, on peut juger de leur discordance ou de leur relation avec les Parties de la Terre ; par éxemple,

On pourra aisément remarquer dans la Carte de *la Tartarie* que le Cercle Pôlaire y est beaucoup plus surbaissé que dans la Carte de l'Asie, & que la curvité de ce cercle sur l'Asie excede de plus de moitié celle qui est sur la Tartarie ; que les paralleles qui sont circulaires dans les deux Cartes sont véritablement paralleles sur la Carte de la Tartarie, & que sur l'Asie elles ne le sont pas ; je veux dire qu'elles ne conservent pas également par tout la même distance entr'elles, étant plus éloignées vers les deux extremitez qu'au milieu, d'où l'on peut conclure qu'il y a une discordance sensible entre ces deux Cartes.

La Carte de *la Perse* a ses Paralleles & ses Méridiens en ligne droite quoyqu'ils soient

B iiij

circulaires dans la Carte de l'Asie, par conséquent elle ne lui est point du tout relative.

L'Egypte, la Nubie & l'Abissinie ont leurs Méridiens circulaires, & leurs paralleles & le Tropique du Cancer en ligne droite, ce qu'on ne trouvera pas dans les deux Cartes de l'Afrique.

Les Cartes du *Congo*, & du *Pays des Caffres*, *la Barbarie*, *Nigritie* & *Guinée*, ont aussi leurs paralleles en ligne droite avec l'Equateur & les Tropiques, ce qui est tout opposé à la Carte d'Afrique.

Les autres Cartes particulieres de l'Amerique, comme *le Mexique*, *le Paraguay* & *le Chily*, & autres, suivent à peu près la même projection des deux premieres Cartes de l'Amérique, mais elles sont discordantes de la derniere. Je n'entre pas plus avant dans ce détail, je laisse à un chacun la liberté de juger de la conséquence qu'on peut tirer de ces comparaisons que nous venons de faire.

J'avouë ici sincerement que je ne puis pénetrer le dessein de l'Auteur dans tous ces changemens & variations, ni trouver la cause qui l'a porté à faire ces Cartes de tant de diversitez : je m'en rapporte aux Astronomes & aux habiles Géographes, qui auront plus de lumieres que moi ; si j'ai quelque tort de condamner cette méthode, je recevrai agreablement leurs décisions, & si j'ai raison, comme cela pourroit être, le Public me sçaura quelque gré d'avoir entrepris de faire les Examens que je viens d'exposer.

Il est bon d'avertir ici que ces deux Examens n'attaquent que la défectuosité des constructions sans entrer dans l'interieur de Cartes que l'on suppose être bonnes d'ailleurs : mais je me propose de donner encore dans un autre tems un troisiéme Examen à la suite d'un autre Traité sur quelques Cartes particulieres, où je ferai voir les défectuositez qui s'y rencontrent, des transpositions & des déficits.

F I N.

APPROBATION.

J'Ai lû par ordre de Monseigneur le Garde des Sceaux un Manuscrit qui a pour titre : *Examen sur toutes les Cartes génerales des quatre Parties de la Terre*, &c. fait par le Sieur VINCENT DU TOURET, & je n'y ai rien trouvé qui puisse en empêcher l'impression ; les Cartes Géographiques seroient sans doute plus utiles, si elles étoient toutes projettées de la même maniere, pourvû que cette projection fût aussi la plus naturelle. A l'Observatoire Royal le sept Février 1718.

GODIN.

PRIVILEGE DU ROY.

LOUIS par la grace de Dieu Roi de France & de Navarre : A nos amez & feaux Conseillers les Gens tenans nos Cours de Parlement, Maîtres des Requêtes ordinaires de notre Hôtel, Grand-Conseil, Prevôt de Paris, Baillifs, Sénéchaux, leurs Lieutenans Civils, & autres nos Justiciers qu'il appartiendra : SALUT. Notre bien amé le sieur VINCENT DU TOURET, Nous ayant fait supplier de lui accorder nos Lettres de Permission pour l'impression d'un Manuscrit qui a pour titre : *Examen sur toutes les Cartes générales des quatre Parties de la Terre, mises au jour par le feu sieur Delille depuis l'année 1700. jusqu'en 1725.* Offrant pour cet effet de le faire imprimer en bon Papier, & en beaux caracteres, suivant la feüille imprimée & attachée pour modele sous le contrescel des Présentes ; Nous lui avons permis & permettons par ces Présentes de faire imprimer ledit Livre ci-dessus spécifié conjointement ou séparément & autant de fois que bon lui semblera, sur Papier & Caracteres conformes à ladite feüille imprimée & attachée sous notre contrescel, & de le faire vendre & débiter par tout notre Royaume, pendant le tems de *trois* années consecutives, à compter du jour de la datte desdites Présentes ; Faisons défenses à tous Libraires, Imprimeurs & autres Personnes, de quelque qualité & condition qu'elles soient, d'en introduire d'impression étrangere dans aucun lieu de notre obéïssance ; A la charge que ces Présentes seront enrégistrées tout au long sur le Régistre de la Communauté des Libraires & Imprimeurs de Paris dans trois mois de la datte d'icelles ; que l'impression de ce Livre sera faite dans notre Royaume & non ailleurs ; & que l'Impetrant se conformera en tout aux Reglemens de la Librairie,

& notamment à celui du 10. Avril 1725. & qu'avant que de l'expofer en vente, le Manufcrit ou Imprimé qui aura fervi de copie à l'impreffion dudit Livre, fera remis dans le même état où l'Approbation y aura été donnée ès de notre très-cher & féal le Sieur Chauvelin Chevalier Garde des Sceaux de France; & qu'il en fera enfuite remis deux Exemplaires dans notre Bibliotheque publique; un dans celle de notre Château du Louvre, & un dans celle de notredit très-cher & féal Chevalier Garde des Sceaux de France le Sieur Chauvelin; le tout à peine de nullité des Préfentes: Du contenu defquelles vous mandons & enjoignons de faire joüir l'Expofant ou fes ayans caufe pleinement & paifiblement, fans fouffrir qu'il leur foit fait aucun trouble ou empêchement: Voulons qu'à la copie defdites Préfentes qui fera imprimée tout au long au commencement ou à la fin dudit Livre, foi foit ajoûtée comme à l'original: Commandons au premier notre Huiffier ou Sergent de faire pour l'éxecution d'icelles tous Actes requis & néceffaires, fans demander autre Permiffion, & nonobftant clameur de Haro, Charte Normande, & Lettres à ce contraires: CAR tel eft notre plaifir. DONNE' à Paris le vingtiéme jour du mois de Février l'an de grace mil fept cent vingt huit, & de notre Regne le treiziéme. Par le Roi en fon Confeil.

SAINSON.

Regiftré fur le Regiftre VII. de la Chambre Royale & Syndicale de la Librairie & Imprimerie de Paris, N°. 84. Fol. 76. conformément au Réglement de 1723. qui fait défenfes Art. IV. à toutes perfonnes de quelque qualité qu'elles foient, autres que les Libraires & Imprimeurs, de vendre, débiter & faire afficher aucuns Livres pour les vendre en leurs noms, foit qu'ils s'en difent les Auteurs ou autrement, & à la charge de fournir les Exemplaires prescrits par l'Article CVIII, du même Réglement. A Paris le seize Mars mil sept cent vingt-huit,

BRUNET, Syndic.

De l'Imprimerie de J. B. LAMESLE, ruë de la vieille Bouclerie, au bas de la ruë de la Harpe, à la Minerve.

www.ingramcontent.com/pod-product-compliance
Lightning Source LLC
Chambersburg PA
CBHW060612050426
42451CB00012B/2212